BEI GRIN MACHT SICH IHR WISSEN BEZAHLT

- Wir veröffentlichen Ihre Hausarbeit, Bachelor- und Masterarbeit

- Ihr eigenes eBook und Buch - weltweit in allen wichtigen Shops

- Verdienen Sie an jedem Verkauf

Jetzt bei www.GRIN.com hochladen und kostenlos publizieren

Endokrine Hormone, Herz-Kreislauf Schock, Anaphylaktische Reaktion

GRIN

Bibliografische Information der Deutschen Nationalbibliothek:

Die Deutsche Nationalbibliothek verzeichnet diese Publikation in der Deutschen Nationalbibliografie; detaillierte bibliografische Daten sind im Internet über http://dnb.d-nb.de abrufbar.

ISBN: 9783346485670
Dieses Buch ist auch als E-Book erhältlich.

Druck und Bindung: Books on Demand GmbH, Norderstedt Germany
Gedruckt auf säurefreiem Papier aus verantwortungsvollen Quellen

Das vorliegende Werk wurde sorgfältig erarbeitet. Dennoch übernehmen Autoren und Verlag für die Richtigkeit von Angaben, Hinweisen, Links und Ratschlägen sowie eventuelle Druckfehler keine Haftung.

Das Buch bei GRIN: https://www.grin.com/document/1120934

Medizinische Grundlagen

Sonderprüfung- *Einsendeaufgabe*

Studiengang: Psychologie B.Sc.

Abgabedatum: 04.08.2021

Inhaltsverzeichnis

Abkürzungsverzeichnis

Abb.	Abbildung
Abs.	Absatz
ACTH	Adrenokortikotropes Hormon
ADH	antidueretischen Hormon
bzw.	beziehungsweise
ca.	circa
CRH	Corticotropin- Releasing Hormon
d.h.	das heißt
GABA	Gamma- Aminobuttersäure
HHNA	Hypothalamus- Hypophysen- Nebennierenrinde- Achse
IgE	Immunglobulin E
MHC-Komplex	Haupthistokompa- tibilitätskomplex
u.	unbekannt
S.	Seite
vgl.	vergleiche
z.B.	zum Beispiel

Abbildungsverzeichnis

1. Aufgabe 1- Endokrine Organe und ihre Hormone

1.1 Hoden- Testosteron

Der Hoden, fachsprachlich auch *Testis* genannt, stellt eine wichtige endokrine Drüse des männlichen Geschlechts dar. Er befindet sich im Hodensack, dem Skrotum. Der Hoden nimmt eine eiförmige Gestalt an, wobei der linke Hoden meist etwas größer als der rechte Hoden ist. Es wird makroskopisch ein oberer Pol (Extremitas superior) und ein unterer Pol (Extremitas inferior) unterschieden. Der Hoden gehört zu den Keimdrüsen. Er produziert neben Spermien auch männliche Geschlechtshormone, wie Testosteron. Es lässt sich in diesem Zuge anmerken, dass Testosteron bei Frauen in den Eierstöcken und zu kleinen Teilen auch in der Nebennierenrinde produziert wird.[1]

Testosteron ist ein Androgen, also ein Sexualhormon, welches sowohl bei Männern als auch bei Frauen produziert und ausgeschüttet wird. Es wird deswegen oftmals als männliches Hormon bezeichnet, da es bei dem männlichen Geschlecht in höherer Konzentration vorhanden ist und die Ausbildung dessen sekundären Geschlechtsmerkmalen maßgeblich beeinflusst. Solche sekundäre Geschlechtsmerkmale sind z.B. der Muskelaufbau, der Bartwuchs sowie eine tiefe Stimme.[2] Zudem wird die Produktion von Spermien, also die Spermatogenese, durch Testosteron beeinflusst bzw. angeregt.[3]

Testosteron wird, wie bereits erwähnt, zu einem Großteil vom Hoden aber auch zu einem sehr kleinen Teil von der Nebennierenrinde produziert. Die Testosteron- Synthese wird über die Hypothalamus- Hypophyse- Achse (HHNA) reguliert bzw. kontrolliert. Durch eine Freisetzung von dem Gonadotropin- Releasing Hormon (GnRH) aus dem Hypothalamus wird die Hypophyse stimuliert, welche daraufhin das luteinisierende Hormon (LH) und das follikelstimulierende Hormon (FSH) freisetzt. Infolgedessen werden die Leydig- Zellen angeregt, Testosteron aus Cholesterin zu synthetisieren und zu sezernieren.[4] Grundsätzlich lässt sich zwischen einem angeborenen und einem späteren Testosteronmangel unterscheiden. Ein Testosteronmangel bei Männern im Erwachsenenalter kann zur Rückbildung der sekundären

---

[1] Vgl. Platzer, Frotscher, Kahle (2009), S.250
[2] Vgl. Libowski (2017), S.u.
[3] Vgl. Aurich, Aurich (2005), S.236
[4] Vgl. Weiser (2021), S.38

Geschlechtsmerkmale, zur Gynäkomastie, zur Feminisierung des Körperbaues, zum Abbau der Muskelmasse, sowie zu einer Störung der Spermatogenese führen.[5] Ein Überschuss an Testosteron führt bei Erwachsenen oftmals zu keinen physiologischen Symptomen. Allerdings geht ein gesteigerter Testosteronspiegel auf der Verhaltensebene oftmals mit Aggressivität, geringerer sozialer Sensibilität und Empathie sowie zu einer Beeinträchtigung von motivationaler und emotionaler Prozesse einher.[6] Ferner gilt es anzumerken, dass Testosteronpräparate trotz einer Reihe von Nebenwirkungen nicht selten von Sportlern als Dopingmittel genutzt werden, um so den Muskelaufbau zu beschleunigen.[7]

1.2 Hypophyse- Somatotropin

Die Hypophyse ist eine essenzielle endokrine Drüse, die sich im Zwischenhirn befindet. Sie ist ca. ein Zentimeter groß und ein Gramm schwer. Die Hypophyse ist durch den Hypophysenstil mit dem Hypothalamus verbunden und gliedert sich nochmals in ein Vorderlappen (Adenohypophyse) und ein Hinterlappen (Neurohypophyse).[8] Die Hypophyse produziert wichtige Hormone, wie z.B. Somatotropin, ACTH und Prolaktin und ist zudem für die Speicherung von Vasopressin und Oxytocin zuständig.[9] Im Folgenden liegt der Augenmerk auf dem Hormon Somatotropin.

Somatotropin ist ein Polypeptid und wird in der Adenohypophyse gebildet bzw. produziert. Die Ausschüttung wird über den Hypothalamus mithilfe den Hormonen „Somatoliberin" und „Somatostastin" reguliert. Die Wirkung von Somatotropin erfolgt hauptsächlich mittels Somatomedinen. Dies sind wachstumsfördernde Peptide, die in den Knochen, der Leber oder anderen Geweben synthetisiert werden. Dort wirken die Hormone überwiegend parakrin, können aber auch endokrin sezerniert und wie klassische Hormone wirken. Diese Somatomedine besitzen eine große Ähnlichkeit zu Insulin, weswegen sie auch als „insuline like groth factors" (IGF) bezeichnet werden.[10] Somatotropin ist hauptsächlich für das Wachstum von Knochen, Muskeln und Eingeweiden

---

[5] Vgl. Buddecke, Fischer (2013), S.186
[6] Vgl. Yildrim, Derksen (2012), S.984-1010
[7] Vgl. Singler (2012), S.u.
[8] Vgl. Speckmann, Hescheler, Köhling (2019), S.730
[9] Vgl. Piper (2007), S.503
[10] Vgl. Horn (2009), S.396-397

zuständig, weswegen es oftmals auch „Wachstumshormon" genannt wird. Ferner nimmt es auch für den Fettstoffwechsel, den Kohlenhydratstoffwechsel sowie für den Eiweißstoffwechsel eine wichtige Rolle ein.[11] Am Meisten Somatotropin wird während des Schlafes produziert. Die Ausschüttung wird hierbei durch Glukagon, Aminosäuren, Östrogene, Serotonin, Dopamin, Noradrenalin, Endorphine, Schilddrüsenhormone und Hypoglykämie stimuliert. In diesem Kontext lässt sich feststellen, dass die Ausschüttung von Somatotropin durch GABA, Adispositas, Cortisol, Adrenalin, Gestagene, Hyperlipidämie sowie durch Hyperglykämie gehemmt wird. Ein Mangel von Somatotropin kann zu reduzierter Muskelmasse, erhöhtem kardiovaskulärem Risiko, erhöhter Körperfettmasse, reduzierter Knochenmineraldichte sowie zu Kleinwüchsigkeit führen während ein Überschuss hingegen zu appositionellen Knochenwachstum mit Zunahme der Eingeweide sowie zu Riesenwüchsigkeit führen kann.[12]

1.3 Epiphyse- Melatonin

Die Epiphyse, auch Zirbeldrüse genannt, ist ein erbsengroßes und zapfenförmiges Organ, welches als Teil des Epithalamus zu betrachten ist und demnach im Zwischenhirn lokalisiert ist. Sie ist ca. 100 Milligramm schwer und besitzt eine augenähnliche Struktur. Zum größten Teil besteht die Epiphyse aus Pinealozyten und Gliazellen.[13] Nach aktuellem Wissensstand produziert die Epiphyse ausschließlich das Hormon Melatonin. Allerdings gilt es hierbei zu erwähnen, dass Melatonin, wenn auch nur in geringeren Mengen, außerdem vom Darm, dem Rückenmark, dem Hoden und auch von der Netzhaut des Auges produziert wird.[14]

Melatonin ist ein Aminhormon, das als Metabolit von Tryptophan bzw. des Tryptophanstoffwechsels zu betrachten ist. Es wurde in den 1950er Jahren entdeckt und seitdem kontinuierlich und intensiv weitererforscht. Melatonin wird hauptsächlich in der Dunkelheit produziert und sezerniert, weswegen es auch als „Dunkelhormon" oder „Schlafhormon" bezeichnet wird.[15] In diesem Kontext ist auch zu erwähnen, dass der Nucleus Suprachiasmaticus die Pinealozyten

---

[11] Vgl. Huppelsberg, Walter (2013), S.199-200
[12] Vgl. Schmidt, Lang, Heckmann (2007), S.482
[13] Vgl. Platzer, Frotscher, Kahle (2009), S.176
[14] Vgl. Fauteck (2017), Abs.1
[15] Vgl. Silverthorn, Weber (2009), S.351

reguliert bzw. aktiviert. Diese sind wiederum für die Ausschüttung von Melatonin maßgeblich verantwortlich.[16]

Dieses Zusammenspiel wird in folgender Abbildung verdeutlicht.

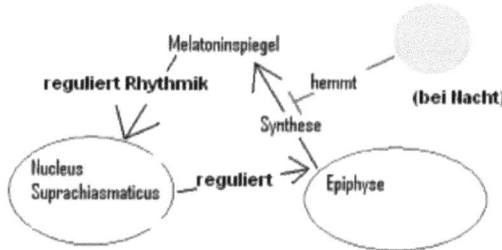

Abb.1: Zusammenhang Nucleus Suprachiasmaticus, Epiphyse und Melatonin
Quelle: Regente (2009), S.6

Hinsichtlich der Funktion lässt sich feststellen, dass Melatonin eine ganz entscheidende Rolle bezüglich des Tag-Wach- Rhythmus einnimmt. Eine erhöhte Melatoninausschüttung am Abend ist für den Körper und die dazugehörigen Organe sozusagen der Befehl nun in den Nachtbetrieb zu wechseln. Solche Ruhezeiten sind für den Organismus unentbehrlich. Verminderte Schlafqualität sowie mangelnde Stabilität des circadianen Systems können Anzeichen eines Melatoninmangels- oder überschusses sein. Im Bezug zu den Funktionen lässt sich außerdem feststellen, dass neben der Schlaf-Wach- Regulation auch die Steuerung der Testosteronproduktion, der Immunaktivität, dem Tumorenwachstum, dem Fettsäuretransport sowie auch der Freisetzung von hypophysären Hormonen zum Aufgabengebiet von Melatonin gehört.[17] Ferner ist anzumerken, dass Melatonin von vielen Menschen, vor allem in Amerika, als Nahrungsergänzungsmittel konsumiert bzw. genutzt wird.[18]

1.4 Nebennierenrinde- Cortisol

Zunächst lässt sich feststellen, dass die Nebennierenrinde den äußeren Teil der Nebenniere darstellt. Sie umschließt also das innen gelegene Nebennierenmark vollständig. Die Nebennierenrinde wird nochmals in die *Zona glomerulosa*, die *Zona fasciculata* und die *Zona reticularis* eingeteilt. Grundsätzlich produziert die Nebennierenrinde zahlreiche Steroidhormone, wobei Cortisol, Aldosteron als auch Dehydroepiandrosteron die wichtigsten und bekanntesten Vertreter

---

[16] Vgl. Fauteck (2017), Abs.1
[17] Vgl. Regente (2009), S.5-6
[18] Vgl. Rauscher (2018), Abs.9

darstellen. In Anbetracht der vorliegenden Aufgabenstellung wird sich im Folgenden auf das lebenswichtige Hormon Cortisol spezialisiert.

Cortisol ist ein Glukokortikoid, welches überwiegend von den Zellen der *Zona fasciculata* aber auch von Zellen der *Zona reticularis* produziert wird. Die Cortisolproduktion wird durch das Adrenokortikotrope Hormon (ACTH) reguliert bzw. angeregt. ACTH, das von der Hypophyse produziert wird, wird wiederum durch die Sekretion von dem Corticotropin- Releasing Hormon (CRH) sowie dem antidueretischen Hormon (ADH) gesteuert. Sowohl CRH als auch ADH werden von dem Hypothalamus produziert. Es lässt sich also grundsätzlich vermerken, dass durch eine gesteigerte Produktion von CRH und ADH auch mehr ACTH produziert wird, was wiederum die Produktion von Cortisol anregt. Dieses komplexe Zusammenspiel wird durch die Hypothalamus- Hypophysen- Nebennierenrinde- Achse (HHNA) verdeutlicht. In Stresssituationen wie vor allem bei chronischem Stress wird diese Achse sozusagen stimuliert und die beschriebenen Folgereaktionen eingeleitet. Deswegen wird Cortisol oft auch als Stresshormon bezeichnet. Der (chronische) Stress kann hierbei physiologischer Herkunft, wie z.B. starke Kälte oder Infektionen, als auch psychischer Herkunft, wie z.B. Angst und Depression, sein.[19] In diesem Zusammenhang lässt sich auch anmerken, dass das beschriebene Zusammenspiel durch eine negative Rückkopplungsschleife gekennzeichnet ist, d.h. ein Überschuss von Cortisol führt zu einer Herunterregulation der anderen Regulationsebenen. Im Vergleich zu den Katecholaminen Adrenalin und Noradrenalin, welche vor allem in akuten Stresssituationen vermehrt freigesetzt werden und daher auch als Stresshormone bezeichnet werden, entfaltet Cortisol seine Wirkung langsamer jedoch auch länger anhaltend. Cortisol hat ein breites Wirkspektrum und hat unter anderem Auswirkungen auf den Stoffwechsel, den Blutdruck, die Neuronen, den Blutzuckerspiegel, das Herz- Kreislaufsystem, sowie das Immunsystem.[20]

Die folgende Abbildung veranschaulicht das Zusammenspiel der HHNA sowie die physiologischen Auswirkungen von Cortisol.

---

[19] Vgl. Hinson, Raven, Chew (2018), S.59-64
[20] Vgl. Herbert (2017), S.20-21

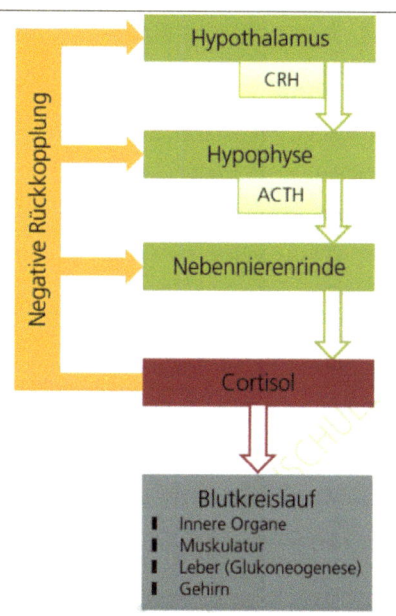

Abb.2: Die HHNA und die physiologischen Folgen von Cortisol
Quelle: Herbert (2017), S.21

Vor allen im Bereich der Psychoneuroendokrinologie ist die Auswirkung von Cortisol auf das Gehirn und dessen Neuronen gut untersucht. Hierbei ließ sich feststellen, dass Cortisol vermehrt Neuronen im Hippocampus zerstört. Da der Hippocampus grundsätzlich für sämtliche Gedächtnisvorgänge zuständig ist, geht ein hoher Cortisolspiegel bei Betroffenen auch oftmals mit Konzentrations- und Gedächtnisbeschwerden einher.[21] Für Psychotherapeut*innen und Psychiater*innen ist dies insofern relevant, da diese durch den von psychischen Belastungen hervorgerufenen Beeinträchtigungen auf das Gehirn bzw. des Hippocampus auch Hinweise für psychische Störungen, wie Depressionen und Angststörungen aber auch Schizophrenie, darstellen können.[22] Ferner lässt sich anmerken, dass der Cortisolspiegel sehr schwankend ist und in der Regel seine Spitzenwerte zwischen 6 Uhr und 9 Uhr erreicht.[23] Aus pharmakologischer Sicht wirkt Cortisol immunsuppressiv und entzündungshemmend. Zudem kommt es bei einer Nebennierenunterfunktion zum Einsatz.[24]

---

[21] Vgl. Karim, Eck (2015), S.47-52
[22] Vgl. Domes (2003), S.u.
[23] Vgl. Hinson, Raven, Chew (2018), S.64
[24] Vgl. Mohr, Lüllmann (2006), S.381-382

2. Aufgabe 2- Herz- Kreislauf Schock

2.1 Begriffserklärung

Im medizinischen Kontext ist unter einem Schock grundsätzlich eine akute Herz-Kreislauf Dysfunktion zu verstehen.[25] Hierbei kommt es zu einem akuten Versagen der Blutzirkulation.[26] Es herrscht also ein Missverhältnis zwischen Sauerstoffangebot und Sauerstoffverbrauch. Infolgedessen werden die Organe nur unzureichend mit Sauerstoff und Nährstoffen versorgt. Entsprechend gefährdet sind dann die Vitalfunktionen. Es gilt anzumerken, dass es sich bei dem Schock im Gegensatz zur Herzinsuffizienz um einen instabilen Zustand handelt, der als klinischer Notfall zu betrachten ist.[27]

2.2 Formen

Die verschiedenen Formen des Schocks werden nach ihrer Ursache eingeteilt. Sofern der Schock durch eine mangelhafte Füllung des Kreislaufsystems bzw. eine Verminderung der zirkulierenden Blutmenge hervorgerufen wurde spricht man von einem „hypovolämischen Schock", also einem Blutmangelschock. Eine Hypovolämie trifft oft im Rahmen von Blutungen oder starkem Durchfall auf. Wenn der Schock durch ein Versagen des zentralen Motors, also des Herzes, hervorgerufen wurde, wird dies als „kardiogener Schock" bzw. „kardialer Schock" bezeichnet. Oftmals tritt dieser kardiogene bzw. kardiale Schock im Zusammenhang eines Herzinfarktes oder einer Herzrhythmusstörung auf. Auch durch einen übermäßigen und unsachgemäßen Gebrauch von Betablockern kann es zu einem kardiogenen Schock kommen. Ferner kann auch das Versagen der peripheren Kreislaufregulation Ursache für einen Schock sein. Dies wird auch als distributiver Schock bezeichnet. Diesbezüglich existieren verschiedene Unterformen, wobei ein „septischer Schock", welcher durch infektiös- toxisches Kreislaufversagen hervorgerufen wurde, oder auch eine „anaphylaktische Reaktion", also ein allergischer Schock, welcher durch eine Überempfindlichkeit gegenüber Medikamenten oder Fremdeiweiß hervorgerufen, für einen distributiven Schock ursächlich sein können. Es gilt an dieser Stelle anzumerken, dass der septische Schock die dominierende Schockform ist, d.h. von allen

---

[25] Vgl. Schulte, Lentze, Schraub, Spranger (2007), S.1778
[26] Vgl. Füeßl (2004), S.70
[27] Vgl. Paula (2014a), S.79; Schulte, Lentze, Schraub, Spranger (2007), S.1778

klinischen Schockfällen sind die meisten septischer Art. Außerdem stellt der neurogene Schock, also der nervale Ausfall der Regulation vom Kreislauftonus, eine weitere Unterform des distributiven Schocks dar. Ferner gibt es auch den obstruktiven Schock sowie verschiedene Sonderformen des Schocks, wie der spinale Schock oder auch der endokrine Schock, auf die hier wegen der limitierten Seitenvorgabe nicht näher eingegangen wird. Es gilt an dieser Stelle anzumerken, dass sowohl der traumatische Schock als auch der hypoglykämische Schock streng medizinisch betrachtet nicht zu den eigentlichen Schockarten zählt.[28] Während der kardiogene und der hypovolämische Schock im ICD-10 unter der Kategorie „Allgemeinsymptome" mit dem Kennzeichen R57.- kodiert sind, sind der anaphylaktische Schock (T78.-) in der Kategorie „Sonstige und nicht näher bezeichnete Schäden durch äußere Ursachen" und der septische Schock (A41.9) in der Kategorie „Sonstige bakterielle Krankheiten" separiert angesiedelt.[29] Ferner ist anzumerken, dass die Symptomatik je nach Schockform variieren kann. Jedoch besteht dahingehend ein Konsens, dass es bei allen Schockformen vor allem zu einem Blutdruckabfall und Tachykardie aber auch zu blasser und kaltschweißiger oder roter und warmer Haut sowie zu Bewusstseinsstörungen und Oligurie kommt.[30] Im Folgenden wird sich vor allem auf die klassischen Schockformen wie den kardiogenen, den hypovolämischen, den septischen und den anaphylaktischen Schock fokussiert.

2.3 Ablauf

Unabhängig von der Ursache münden alle Formen des Schocks in einer sogenannten Schockspirale, dem „*Circulus vitiosus*". Diese Schockspirale ist als Teufelskreis zu betrachten, bei der es ohne medizinischer Intervention zu einer Dezentralisation des Kreislaufs, intravasaler Gerinnung und letztendlich zu Multiorganversagen kommt. Der Körper versucht die Funktion lebenswichtiger Organe wie Gehirn und Herz aufrechtzuerhalten. Diese Lebenserhaltungsfunktion des Körpers wird in diesem Kontext auch als „Zentralisation" bezeichnet. Dies geschieht durch eine erhöhte Aktivität des Sympathikus und eine damit einhergehende vermehrte Freisetzung von den Katecholaminen aus dem Nebennierenmark sowie eine daraus resultierende

---

[28] Vgl. Füeßl (2004), S.71
[29] Vgl. Graubner (2007), S.13-725
[30] Vgl. Ziegenfuß, Secchi (2009), S.254-255

gesteigerte Herzfrequenz (Tachykardie).[31] Durch diese kompensatorische Mechanismen ist der Blutdruck in der Anfangsphase eines Schockzustandes oftmals noch im Normalbereich. Daher kann der Blutdruck zwar grundsätzlich als Parameter für den Schock herangezogen werden, jedoch nur eingeschränkt und lediglich als grobe Orientierung. Das Aufrechterhalten des Blutdrucks und der Vitalfunktionen funktioniert allerdings nur temporär, da vor allem ab einem Verlust des Blutvolumens von über 40% nicht mehr gegengesteuert werden kann und folglich der Blutdruck absackt und weitere typische Schocksymptome auftreten.[32] Die vorübergehende Kompensation geht zudem auf Kosten der Schockorgane, wobei die primären Schockorgane Lunge, Niere und Darm sind.[33] Eine adäquate und schnelle Intervention ist also bei Betroffenen von Nöten, um diesen Teufelskreis zu unterbrechen. Die folgende Abbildung veranschaulicht das Modell der Schockspirale.

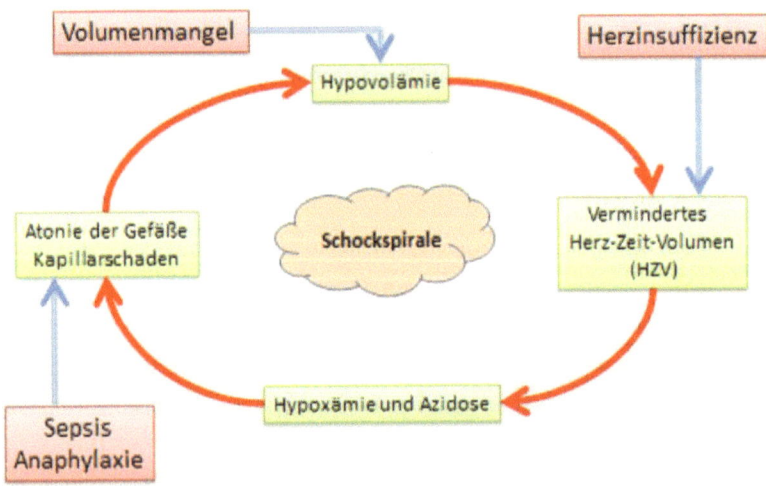

Abb.3: Schockspirale
Quelle: Paula (2014a), S.80

---

[31] Vgl. Schlüter, Gründer (2019), S.223
[32] Vgl. Bauer, Kortgen (2013), S. 474 – 475
[33] Vgl. Schlüter, Gründer (2019), S.223

In der Abbildung ist erkennbar, dass also alle Schockarten unabhängig von deren Ursprung ohne einer Intervention bzw. Therapie den gleichen Kreislauf durchgehen. Sofern der Schock kardiogenen Ursprungs ist wird zunächst das Herz- Zeit Volumen, also das Volumen, welches das Herz pro Minute ausschüttet, vermindert. Dies führt zu einem Abfall des Blutdrucks, wobei der Organismus, wie bereits beschrieben, zunächst kompensatorisch gegensteuert. Daraufhin kommt es zu einer Hypoxämie, also einem Sauerstoffmangel. Lebenswichtige Organe werden also nicht mehr ausreichend versorgt, sodass der Körper in einen anaeroben Stoffwechselzustand gerät. Im Rahmen bzw. infolge der Hypoxämie kommt es zu einer Azidose, also einer Störung des Säure-Basen Haushalts bzw. ein Abfall des pH- Wertes. Konkreter formuliert kommt es durch die mangelnde Durchblutung zu einer Gewebehypoxie sowie zu einer peripheren Hypoxie, d.h. zu einer mangelnden Durchblutung des Gewebes und der Peripherie. Dies führt mitunter zu einer Anhäufung von Laktat und somit letztlich zu einer metabolischen Azidose. Daraufhin erfolgt eine präkapillare Dilatation, also eine Weitung der Präkapillaren, sowie eine erhöhte Gefäßpermeabilität, d.h. eine erhöhte Durchlässigkeit der Gefäße. Dadurch kommt es zu vermehrtem Austritt von Flüssigkeit ins Gewebe. Das heißt folglich, dass dann die Kapillaren an Flüssigkeit verlieren. Es folgt also nach der Hypoxämie und Azidose eine Atonie der Gefäße, also ein Fehlen des Tonus, sowie die damit einhergehenden Kapillarschäden. Sofern der Schock septischen und anaphylaktischen Ursprungs ist erfolgt dies zuerst. Die Schädigung der Gefäße führen wiederum zu einem Abfall des Blutdrucks wie zu einer Stase, also einer Stauung des Blutes. Die bisher beschriebenen Mechanismen bedingen oder verstärken also die Hypovolämie, also die Verminderung der im Kreislauf zirkulierenden Blutmenge. Bei einem hypovolämischen Schock ist dies sozusagen die erste Station in der Schockspirale. Die Hypovolämie beeinflusst wiederum das Herz- Zeit Volumen, sodass dann der Kreislauf bzw. die Spirale geschlossen wird und wieder, jedoch dann schon auf fortgeschrittene Weise, von vorne beginnt.[34]

---

[34] Vgl. Brock, Kany, Knipfer (2018), Abs.9.6; Paula (2014a), S.79-80

2.4 Therapie

Da die verschiedenen Schockformen auch verschiedene Ursachen und zum Teil verschiedene Symptome aufzeigen erfolgt die Therapie auch relativ individuell je nach Schockart. Auf diese spezifischen Therapieformen soll im Folgenden nicht eingegangen werden. Allgemeines Ziel einer jeden Schocktherapie ist es, das Herz- Kreislaufsystem und die Lungenfunktion zu stabilisieren. Auch sollen grundsätzlich die Vitalfunktionen überwacht (Monitoring) und Laboruntersuchungen sowie ein EKG durchgeführt werden. Die medizinische Intervention ist zunächst symptomatisch, wobei dennoch schnellstmöglich kausale Therapiemaßnahmen anzustreben sind.[35] Ferner ist anzumerken, dass es sogenannte Basismaßnahmen gibt, die bei allen Schockarten angewendet werden können. Dies kann präklinisch und/oder intensivmedizinisch mitunter die Gabe von Sauerstoff sowie eine adäquate Lagerung (meistens flach) der betroffenen Person sein. Es können gegebenenfalls kristalloide oder kolloide Plasmaersatzlösungen sowie Katecholamine gegeben werden.[36]

---

[35] Vgl. Wolff, Weihrauch (2012), S.127-128
[36] Vgl. Ziegenfuß, Secchi (2009), S.254-255

3. Aufgabe 3- Anaphylaktische Reaktion

3.1 Grundlagen

Zunächst lässt sich feststellen, dass das Immunsystem für die Unversehrtheit sowie für den Schutz der Gesundheit zuständig ist. Dies geht auch mit einer sogenannten Immunität einher, also einer Resistenz gegenüber Krankheitserregern, wie Pilzen, Bakterien, Viren, Toxinen oder Parasiten. Es gilt in diesem Kontext zu erwähnen, dass sich der Körper in einem permanenten Belagerungszustand von solchen Krankheitserregern befindet.[37] Das Immunsystem antwortet auf solche Krankheitserreger grundsätzlich auf zwei verschiedene Arten.

Sofern das Immunsystem immer auf die gleiche Art und Weise auf einen Krankheitserreger antwortet, ist von einer angeborenen bzw. natürlichen Immunantwort die Rede. Diese „Antwortstrategie" ist hierbei unabhängig davon, wie oft der Krankheitserreger bisher aufgetreten ist. Auf humoraler Ebene spielt bei dieser Immunantwort das Komplementsystem eine entscheidende Rolle. Das Komplementsystem besteht aus sogenannten Komplementsfaktoren, von denen einige den „Membran- Angriffs- Komplex" bilden. Dieser führt dazu, dass bei Fremdzellen das Membranpotenzial zerstört wird, sodass diese Zellen letztendlich platzen. Des Weiteren nehmen hinsichtlich der unspezifischen bzw. natürlichen Immunantwort die sogenannten Akute- Phase Proteine einen wichtigen Stellenwert ein. Sie binden an die Oberfläche von Krankheitserregern, sodass diese letztlich verklumpen. Zudem aktivieren sie das Komplementsystem und locken Leukozyten mithilfe von Zytokinen von der Blutbahn ins Gewebe. Die Zytokinen helfen sozusagen virusinfizierten Zellen damit, die nicht- infizierten Nachbarzellen darauf aufmerksam zu machen. Im Bezug zur humoralen Ebene der unspezifischen Immunabwehr ist zudem das Lysozym zu nennen. Dies ist ein Enzym, welches hauptsächlich im Mundspeichel vorkommt und sehr direkt die Zellwand von Bakterien attackiert, sodass diese meist keine Chance haben ins Körperinnere zu gelangen. Auf zellulärer Ebene der natürlichen Immunabwehr nehmen vor allem Makrophagen eine wichtige Rolle ein. Das Zytoplasma der Makrophagen umschließt den Fremdkörper, sodass dieser sozusagen ausgerottet wird. Bei bakteriellen Entzündungen treten zudem

---

[37] Vgl. Paula (2014b), S.25-26

neutrophile Granulozyten ins Gewebe aus. Zusammen mit den Makrophagen attackieren sie Fremdkörper bzw. Krankheitserreger. Auf zellulärer Ebene der natürlichen Immunabwehr sind außerdem die natürlichen Killerzellen zu nennen. Sie erkennen kranke Zellen und durchlöchern deren Membran, sodass diese letztendlich absterben.[38]

Sofern das Immunsystem die Fähigkeit entwickelt, die Abwehr an die jeweiligen Krankheitserreger anzupassen und sie so spezifisch zu bekämpfen spricht man von einer erworbenen bzw. adaptiven Immunantwort. Dies erfolgt durch eine Primär- und Sekundärantwort, also in zwei Schritten. Im Rahmen der Primärantwort bildet der Organismus innerhalb von 1-2 Wochen nach einer erstmaligen Infektion Antikörper. Dadurch ist der Körper bei einer erneuten Konfrontation mit den jeweiligen Krankheitserregern gut vorbereitet, sodass kein nennenswertes Krankheitsbild bzw. Krankheitsverlauf auftritt. Dies stellt die Sekundärantwort dar. Vor allem die Lymphozyten nehmen einen wichtigen Platz hinsichtlich der spezifischen bzw. adaptiven Immunantwort ein. Unter den Lymphozyten sind die T-Lymphozyten am besten repräsentiert, d.h. sie kommen am häufigsten vor. Diese lassen sich nochmals in T-Killerzellen (zytotoxische T-Zellen), T- Helferzellen und T-Suppressorzellen gliedern. Die T-Helferzellen produzieren vor allem Zytokine während die T-Killerzellen kranke Zellen direkt töten. Die T-Suppressorzellen beenden eine Immunreaktion und verhindern, dass das Immunsystem zu stark auf eher harmlose Infektionen reagiert. Hinsichtlich der zellulären Ebene der spezifischen Immunantwort sind zudem B-Lymphozyten zu nennen. Diese verwandeln sich auf einen speziellen Stimulus zu großen Plasmazellen, welche ein großes Maß an speziellen Antikörpern bildet. Nach einer erstmaligen Infektion verbleiben sogenannte T- und B-Gedächtniszellen in den lymphatischen Organen. Sie spielen bei der Sekundärantwort eine wichtige Rolle, da mit deren Hilfe schneller und effektiver auf den nun bekannten Krankheitserreger reagiert werden kann. Es ist an dieser Stelle zu erwähnen, dass durch eine Impfung, bei der der abgeschwächte Erreger injiziert wird (aktive Immunisierung), eine spezifische Immunantwort mithilfe des körpereigenen Systems der Primär- und Sekundärantwort sozusagen erzeugt wird. Ferner ist zu vermerken, dass die eben beschriebenen Vorgänge der natürlichen bzw. unspezifischen und der erworbenen bzw. spezifischen

---

[38] vgl. Paula (2014b), S.26-27

17

Immunabwehr nicht strikt differenziert zu betrachten sind, da sie stets parallel ablaufen und aufeinander angewiesen sind.[39]

Bei einer Anaphylaxie kommt das Immunsystem nun zunächst mit einem Fremdkörper bzw. einem Allergen in Kontakt. Hierbei kann nahezu jede Substanz ein Allergen sein. Der Körper reagiert allerdings mit einer komplexen Überreaktion der Immunabwehr, was dann als „anaphylaktische Reaktion" oder auch als „Typ-I- Reaktion" bezeichnet wird. Da diese Überreaktion eine niedrige Latenzzeit besitzt und meist durch eine Allergie hervorgerufen wird, finden die Begriffe „Sofortallergie" oder „Soforttyp" in diesem Kontext auch häufig Verwendung. Sie ist medizinisch nochmals von der anaphylaktoiden Reaktion zu trennen.[40] Ferner ist zu erwähnen, dass mitunter Heuschnupfen aber auch Nesselsucht sowie diverse Überempfindlichkeitsreaktionen gegenüber beispielsweise Arznei- oder Nahrungsmitteln zu den anaphylaktischen Reaktionen zählen.[41] Die meisten anaphylaktischen Reaktionen werden durch Muskelrelaxanzien, Latex und Antibiotika ausgelöst. Anhand der Symptomatik werden vier Stadien der Anaphylaxie bzw. der anaphylaktischen Reaktion unterschieden. Die Symptomatik reicht hierbei von leichten Lokalschmerzen, wie Rötung und Quaddeln, über zu diversen Allgemeinreaktionen, wie disseminierte Hautreaktion (z.B. Juckreiz) oder auch Unruhe und Kopfschmerzen bis hin zum vitalen Organversagen bzw. Kreislaufstillstand. Demnach kann die anaphylaktische Reaktion also durchaus lebensgefährlich sein.[42]

3.2 Biochemischer Ablauf

Zunächst lässt sich feststellen, dass das Vorhandensein eines Antigens bzw. eines Allergens sowie eine Veranlagung zur übermäßigen Produktion von Antikörpern oder T-Zellen als grundsätzliche Voraussetzung für eine anaphylaktische Reaktion zu betrachten ist. Der Ablauf einer anaphylaktischen Reaktion beginnt zunächst mit der Phase der Sensibilisierung. In dieser Phase bindet das Allergen im Gewebe an einen B-Zellen Rezeptor und wird von der Zelle aufgenommen. Hierbei werden Teile des Allergens auf sogenannte MHC-Moleküle, also vom Haupthistokompatibilitätskomplex kodierte Proteine,

---

[39] Vgl. Paula (2014b), S.27-28
[40] Vgl. Ullrich (2005), S.555
[41] Vgl. Kaufmann (2009), S.100
[42] Vgl. Ullrich (2005), S.555

übertragen. Diese übertragen wiederum relevante Informationen hinsichtlich des Zustands der Zelle an die Zellenoberfläche, sodass das Immunsystem diese Informationen erhält bzw. einsehen kann. MHC ist also grundsätzlich für die Erkennung von fremden Antigenen sowie für die dazugehörige „Informationszugänglichkeit" für die T-Zellen zuständig. Von T-Lymphozyten werden fremde Antigene nur in Verbindung mit körpereigenen MHC- Strukturen erkannt. Für die entsprechende Reaktion sind also diese MHC- Strukturen von hoher Relevanz. Sofern eine T-Helferzelle an diesen Haupthistokompatibilitätskomplex, bindet, wird sie sozusagen aktiviert und schüttet auch Zytokine aus. Infolgedessen wird die B-Zelle aktiviert, welche sich dann zur Plasmazelle transformiert. Die Plasmazelle produziert und setzt daraufhin sogenannte IgE- Antikörper (Immunglobulin E) frei. Die beschriebenen Vorgänge führen nun zu einer Stimulation bzw. Aktivierung von CD4-Zellen, die weitere Zytokine produziert. In diesem Zusammenhang ist zu erwähnen, dass ausgereifte T-Lymphozyten das CD3 Molekül als Antigen haben, deren Aufgabe die antigenspezifische T-Zellaktivierung zur Folge hat. Hierbei nehmen hinsichtlich der anaphylaktischen Reaktion vor allem die TH2- Zellen einen wichtigen Stellenwert ein. TH2- Zellen produzieren die Zytokine IL4 und IL5. Während IL4 die B-Zellen stimuliert und vor allem IgE Antikörper induziert, sorgt IL5 dafür, dass sich die B-Zellen zu Plasmazellen transformieren bzw. entwickeln. Die IgE Antikörper verfügen über zwei Bereiche, mit denen sie an ein spezifisches Antigen binden können. Mit dem FC-Stück, dem konstanten Bereich der IgE Antikörper, binden die IgE Antikörper an die Oberflächenrezeptoren von Mastozyten bzw. Mastzellen. Diese besitzen FC Rezeptoren für IgE Antikörper, sodass eine Bindung ermöglicht wird. An dieser Stelle ist anzumerken, dass neben den Mastzellen auch Basophile und Eosinophile FC Rezeptoren für IgE Antikörper besitzen. Gebundenes IgE wirkt hierbei wie ein Antigenrezeptor. Durch die Reaktion mit einem Antigen werden infolgedessen Mediatoren, wie z.B. Histamin oder Heparin, ausgeschüttet. Durch die Phase der Sensibilisierung können die Mastzellen und Basophile nun bei erneutem Kontakt mit dem Antigen (schnell) reagieren. Die eigentliche anaphylaktische Reaktion, bei der dann auch entsprechende Symptome auftreten, erfolgt erst im Rahmen der Sekundärantwort.[43]

---

[43] Vgl. Kaufmann (2009), S.74-101

Literaturverzeichnis

Aurich, C., Aurich, J. (2005). Reproduktionsmedizin beim Pferd- Gynäkologie, Andrologie, Geburtshilfe. Stuttgart: Thieme

Bauer, M. & Kortgen, A. (2013). Schock und Multiorganversagen. In: W.Wilhelm (Hrsg.), Praxis der Intensivmedizin – konkret, kompakt, interdisziplinär. 2.

Buddecke, E., Fischer, M. (2013). Pathophysiologie, Pathobiochemie, klinische Chemie. Berlin: De Gruyter

Brock, A., Kany, A., Knipfer, E. (2018). Fachpflege Intensivpflege. Jena: Urban & Fischer Verlag

Domes, G. (2003). Stress und Gedächtnis. Göttingen: Cuvillier Verlag

Fauteck, J.-D. (2017). Melatonin- Das Geheimnis eines wunderbaren Hormons. Wien: Christian Brandstätter Verlag

Füeßl, H. (2004). Innere Medizin in Frage und Antwort. Stuttgart: Thieme

Graubner, B. (2007). ICD-10-GM. Köln: Deutscher Ärzte Verlag

Gründer, S., Schlüter, K.-D. (2019). Physiologie- hoch2. München: Elsevier

Herbert, B. (2017). Studienbrief „Spezifalgebiete der Biologischen Psychologie. Riedlingen: SRH Fernhochschule

Hinson, J., Raven, P., Chew, S. (2018). Organsysteme verstehen: Endokrines System. Amsterdam: Elsevier

Horn, F. (2009). Biochemie des Menschen. Stuttgart: Thieme

Huppelsberg, J., Walter, K. (2013). Kurzlehrbuch Physiologie. Stuttgart: Thieme

Kaufmann, S. H. E. (2009). Immunologie. In H. Hahn, S. H. E. Kaufmann, T. F.

Karim, A., Eck, G. (2015). Studienbrief „Biologische Psychologie". Riedlingen: SRH Fernhochschule

Lentze, M., Schulte, F., Spranger, J., Schraub, J. (2007). Pädiatrie. Heidelberg: Springer

Libowski, H. (2017). Was Sie schon immer über Testosteron, Östrogene & CO wissen wollten. Norderstedt: Books on Demand Verlag

Lüllmann, H., Mohr, K. (2006). Pharmakologie und Toxikologie. Stuttgart: Thieme

Paula, J. (2014a). Studienbrief „Klinische Medizin- Diagnostik und Therapie. Riedlingen: SRH Fernhochschule

Paula, J. (2014b). Studienbrief „Medizinische Terminologie, Anatomie und Physiologie". Riedlingen: SRH Fernhochschule

Piper, W. (2007). Innere Medizin. Heidelberg: Springer

Platzer, W., Frotscher, M., Kahle, W. (2009). Taschenatlas Anatomie. Stuttgart: Thieme

Rauscher, P. (2018). Handbuch Nahrungsergänzung. München: Riva

Regente, F. (2009). Hausarbeit Melatonin Defizit. Berlin: Charite

Schulz & S. Suerbaum (Hrsg.), Medizinische Mikrobiologie und Infektiologie . Heidelberg: Springer

Schmidt, R., Lang, F., Heckmann, M. (2007). Physiologie des Menschen- mit Pathophysiologie. Heidelberg: Springer

Secchi, A., Ziegenfuß, T. (2009). Checkliste Notfallmedizin. Stuttgart: Thieme

Silverthorn, D., Weber, W.-M. (2009). Physiologie. London: Pearson

Singer, A. (2012). Doping und Enhancement- Interdisziplinäre Studien zur Pathologie gesellschaftlicher Leistungsorientierung. Göttingen: Cuvillier Verlag

Speckmann, E.-J., Hescheler, J., Köhling, R. (2019). Physiologie. München: Urban & Fischer Verlag

Ullrich, L. (2005). Intensivpflege und Anästhesie. Stuttgart: Thieme

Weiser, D. (2021). Entwicklungsbezogene und altersabhängige Besonderheiten im Hoden und Nebenhoden. Köln: Lehmanns

Wolff, H., Weihrauch, T. (2012). Internistische Therapie- 2012/2013. Jena: Urban & Fischer Verlag

Yildirim, B., Dersken, J. A review on the relationship between testosterone and life-course persistent antisocial behavior. In: Psychiatry Research. Amsterdam: Elsevier